Leute, schreibt mir noch was

Gestaltet eure Seiten

Weitere Werke von mir:

Mach Mich Serie:

- **Mach Mich – Mach Dich – POSITIV** - Das positive Aktiv Buch für Erwachsene
- **Mach Mich – Mach Dich – FUNNY** - Das lustige Aktiv Buch für Erwachsene
- **Mach Mich – Mach Dich – SELFIE** - Das etwas andere, lustige Fotoalbum

Schreib mir was Serie:

- **Schreib mir was zum Schulabschluss** – Das Freundschafts- und Erinnerungsbuch für Schulkameraden
- **Putzpause** – Das Freundebuch für Hausfrauen

Sonstige:

- **Das Haustier Freundschaftsbuch** – Auch Haustiere dürfen Freundschaftsbücher haben
- **Das Liebeskummer Erste Hilfe Buch** – Lustige & befreiende Aufgaben zur Überwindung des Liebeskummers

danita-molina.jimdo.com

Bilder & Inhalt © Danita Molina

Herstellung und Verlag:
BoD – Books on Demand, Norderstedt
ISBN 978-3-7431-0074-9

Willst du Kinder:

Lieblingseis:

Welches Haus aus Harry Potters Schule:

Schokolade oder Chips:

Uni oder bunt:

Für was gibst du am liebsten Geld aus:

Kutsche oder Reiten:

Kannst du laut pfeifen:

Was haben wir gemeinsam?

Lieblingsschauspieler:

Was gibst du mir für die Zukunft mit:

Hörspiele oder Musik:

Male ein Kunstwerk für mich (lege ein Blatt unter, falls Du Filzstifte benutzt):

Klebe hier ein Bild von dir ein:

Welches ist deine persönliche Sucht:

Hast du ein Muttermal:

Welche Gabe würdest du dir wünschen:

Fleisch- oder Pflanzenfresser:

Dein Lieblinsmärchen:

Belege deine Pizza:

Füller oder Kulli:

Deine aktuelle Haarfarbe:

Dein Name: Heutiges Datum:

Dein Geburtstag:

Lieblingsfarbe:

Bist du Engelchen oder Teufelchen:

Katze oder Hund: Wie viele Paar Schuhe besitzt du:

Was ist besser, lockige oder glatte Haare:

Baggersee oder Schwimmbad:

Lieblingsbuch: Erfinde ein Wort:

Willst du Kinder:

Lieblingseis:

Welches Haus aus Harry Potters Schule:

Schokolade oder Chips:

Uni oder bunt:

Für was gibst du am liebsten Geld aus:

Kutsche oder Reiten:

Kannst du laut pfeifen:

Was haben wir gemeinsam?

Lieblingsschauspieler:

Was gibst du mir für die Zukunft mit:

Hörspiele oder Musik:

Male ein Kunstwerk für mich (lege ein Blatt unter, falls Du Filzstifte benutzt):

Klebe hier ein Bild von dir ein:

Welches ist deine persönliche Sucht:

Hast du ein Muttermal:

Welche Gabe würdest du dir wünschen:

Dein Lieblingsmärchen:

Fleisch- oder Pflanzenfresser:

Belege deine Pizza:

Füller oder Kulli:

Deine aktuelle Haarfarbe:

Dein Name: Heutiges Datum:

Dein Geburtstag:

Lieblingsfarbe:

Bist du Engelchen oder Teufelchen:

Katze oder Hund: Wie viele Paar Schuhe besitzt du:

Was ist besser, lockige oder glatte Haare:

Baggersee oder Schwimmbad:

Lieblingsbuch: Erfinde ein Wort:

Willst du Kinder:

Lieblingseis:

Welches Haus aus Harry Potters Schule:

Schokolade oder Chips:

Uni oder bunt:

Für was gibst du am liebsten Geld aus:

Kutsche oder Reiten:

Kannst du laut pfeifen:

Was haben wir gemeinsam?

Lieblingsschauspieler:

Was gibst du mir für die Zukunft mit:

Hörspiele oder Musik:

Male ein Kunstwerk für mich (lege ein Blatt unter, falls Du Filzstifte benutzt):

Klebe hier ein Bild von dir ein:

Welches ist deine persönliche Sucht:

Hast du ein Muttermal:

Welche Gabe würdest du dir wünschen:

Fleisch- oder Pflanzenfresser:

Dein Lieblinsmärchen:

Belege deine Pizza:

Füller oder Kulli:

Deine aktuelle Haarfarbe:

Dein Name:

Heutiges Datum:

Dein Geburtstag:

Lieblingsfarbe:

Bist du Engelchen oder Teufelchen:

Katze oder Hund:

Wie viele Paar Schuhe besitzt du:

Was ist besser, lockige oder glatte Haare:

Baggersee oder Schwimmbad:

Lieblingsbuch:

Erfinde ein Wort:

Willst du Kinder:

Lieblingseis:

Welches Haus aus Harry Potters Schule:

Schokolade oder Chips:

Uni oder bunt:

Für was gibst du am liebsten Geld aus:

Kutsche oder Reiten:

Kannst du laut pfeifen:

Was haben wir gemeinsam?

Lieblingsschauspieler:

Was gibst du mir für die Zukunft mit:

Hörspiele oder Musik:

Male ein Kunstwerk für mich (lege ein Blatt unter, falls Du Filzstifte benutzt):

Klebe hier ein Bild von dir ein:

Welches ist deine persönliche Sucht:

Hast du ein Muttermal:

Welche Gabe würdest du dir wünschen:

Fleisch- oder Pflanzenfresser:

Dein Lieblingsmärchen:

Belege deine Pizza:

Füller oder Kulli:

Deine aktuelle Haarfarbe:

Dein Name: Heutiges Datum:

Dein Geburtstag:

Lieblingsfarbe:

Bist du Engelchen oder Teufelchen:

Katze oder Hund: Wie viele Paar Schuhe besitzt du:

Was ist besser, lockige oder glatte Haare:

Baggersee oder Schwimmbad:

Lieblingsbuch: Erfinde ein Wort:

Willst du Kinder:

Lieblingseis:

Welches Haus aus Harry Potters Schule:

Schokolade oder Chips:

Uni oder bunt:

Für was gibst du am liebsten Geld aus:

Kutsche oder Reiten:

Kannst du laut pfeifen:

Was haben wir gemeinsam?

Lieblingsschauspieler:

Was gibst du mir für die Zukunft mit:

Hörspiele oder Musik:

Male ein Kunstwerk für mich (lege ein Blatt unter, falls Du Filzstifte benutzt):

Klebe hier ein Bild von dir ein:

Welches ist deine persönliche Sucht:

Hast du ein Muttermal:

Welche Gabe würdest du dir wünschen:

Dein Lieblingsmärchen:

Fleisch- oder Pflanzenfresser:

Belege deine Pizza:

Füller oder Kulli:

Deine aktuelle Haarfarbe:

Dein Name:

Heutiges Datum:

Dein Geburtstag:

Lieblingsfarbe:

Bist du Engelchen oder Teufelchen:

Katze oder Hund:

Wie viele Paar Schuhe besitzt du:

Was ist besser, lockige oder glatte Haare:

Baggersee oder Schwimmbad:

Lieblingsbuch:

Erfinde ein Wort:

Willst du Kinder:

Lieblingseis:

Welches Haus aus Harry Potters Schule:

Schokolade oder Chips:

Uni oder bunt:

Für was gibst du am liebsten Geld aus:

Kutsche oder Reiten:

Kannst du laut pfeifen:

Was haben wir gemeinsam?

Lieblingsschauspieler:

Was gibst du mir für die Zukunft mit:

Hörspiele oder Musik:

Male ein Kunstwerk für mich (lege ein Blatt unter, falls Du Filzstifte benutzt):

Klebe hier ein Bild von dir ein:

Welches ist deine persönliche Sucht:

Hast du ein Muttermal:

Welche Gabe würdest du dir wünschen:

Dein Lieblingsmärchen:

Fleisch- oder Pflanzenfresser:

Belege deine Pizza:

Füller oder Kulli:

Deine aktuelle Haarfarbe:

Dein Name: Heutiges Datum:

Dein Geburtstag:

Lieblingsfarbe:

Bist du Engelchen oder Teufelchen:

Katze oder Hund: Wie viele Paar Schuhe besitzt du:

Was ist besser, lockige oder glatte Haare:

Baggersee oder Schwimmbad:

Lieblingsbuch: Erfinde ein Wort:

Willst du Kinder:

Lieblingseis:

Welches Haus aus Harry Potters Schule:

Schokolade oder Chips:

Uni oder bunt:

Für was gibst du am liebsten Geld aus:

Kutsche oder Reiten:

Kannst du laut pfeifen:

Was haben wir gemeinsam?

Lieblingsschauspieler:

Was gibst du mir für die Zukunft mit:

Hörspiele oder Musik:

Klebe hier ein Bild von dir ein:

Welches ist deine persönliche Sucht:

Hast du ein Muttermal:

Welche Gabe würdest du dir wünschen:

Fleisch- oder Pflanzenfresser:

Dein Lieblingsmärchen:

Belege deine Pizza:

Füller oder Kulli:

Deine aktuelle Haarfarbe:

Dein Name: Heutiges Datum:

Dein Geburtstag:

Lieblingsfarbe:

Bist du Engelchen oder Teufelchen:

Katze oder Hund: Wie viele Paar Schuhe besitzt du:

Was ist besser, lockige oder glatte Haare:

Baggersee oder Schwimmbad:

Lieblingsbuch: Erfinde ein Wort:

Willst du Kinder:

Lieblingseis:

Welches Haus aus Harry Potters Schule:

Schokolade oder Chips:

Uni oder bunt:

Für was gibst du am liebsten Geld aus:

KUTSCHE ODER REITEN:

Kannst du laut pfeifen:

Was haben wir gemeinsam?

Lieblingsschauspieler:

Was gibst du mir für die Zukunft mit:

Hörspiele oder Musik:

Male ein Kunstwerk für mich (lege ein Blatt unter, falls Du Filzstifte benutzt):

Klebe hier ein Bild von dir ein:

Welches ist deine persönliche Sucht:

Hast du ein Muttermal:

Welche Gabe würdest du dir wünschen:

Fleisch- oder Pflanzenfresser:

Dein Lieblingsmärchen:

Belege deine Pizza:

Füller oder Kulli:

Deine aktuelle Haarfarbe:

Dein Name:	Heutiges Datum:

Dein Geburtstag:

Lieblingsfarbe:

Bist du Engelchen oder Teufelchen:

Katze oder Hund:	Wie viele Paar Schuhe besitzt du:

Was ist besser, lockige oder glatte Haare:

Baggersee oder Schwimmbad:

Lieblingsbuch:	Erfinde ein Wort:

Willst du Kinder:

Lieblingseis:

Welches Haus aus Harry Potters Schule:

Schokolade oder Chips:

Uni oder bunt:

Für was gibst du am liebsten Geld aus:

Kutsche oder Reiten:

Kannst du laut pfeifen:

Was haben wir gemeinsam?

Lieblingsschauspieler:

Was gibst du mir für die Zukunft mit:

Hörspiele oder Musik:

Male ein Kunstwerk für mich (lege ein Blatt unter, falls Du Filzstifte benutzt):

Klebe hier ein Bild von dir ein:

Welches ist deine persönliche Sucht:

Hast du ein Muttermal:

Welche Gabe würdest du dir wünschen:

Fleisch- oder Pflanzenfresser:

Dein Lieblingsmärchen:

Belege deine Pizza:

Füller oder Kulli:

Deine aktuelle Haarfarbe:

Dein Name: Heutiges Datum:

Dein Geburtstag:

Lieblingsfarbe:

Bist du Engelchen oder Teufelchen:

Katze oder Hund: Wie viele Paar Schuhe besitzt du:

Was ist besser, lockige oder glatte Haare:

Baggersee oder Schwimmbad:

Lieblingsbuch: Erfinde ein Wort:

Willst du Kinder:

Lieblingseis:

Welches Haus aus Harry Potters Schule:

Schokolade oder Chips:

Uni oder bunt:

Für was gibst du am liebsten Geld aus:

Kutsche oder Reiten:

Kannst du laut pfeifen:

Was haben wir gemeinsam?

Lieblingsschauspieler:

Was gibst du mir für die Zukunft mit:

Hörspiele oder Musik:

Male ein Kunstwerk für mich (lege ein Blatt unter, falls Du Filzstifte benutzt):

Klebe hier ein Bild von dir ein:

Welches ist deine persönliche Sucht:

Hast du ein Muttermal:

Welche Gabe würdest du dir wünschen:

Dein Lieblingsmärchen:

Fleisch- oder Pflanzenfresser:

Belege deine Pizza:

Füller oder Kulli:

Deine aktuelle Haarfarbe:

Dein Name: Heutiges Datum:

Dein Geburtstag:

Lieblingsfarbe:

Bist du Engelchen oder Teufelchen:

Katze oder Hund: Wie viele Paar Schuhe besitzt du:

Was ist besser, lockige oder glatte Haare:

Baggersee oder Schwimmbad:

Lieblingsbuch: Erfinde ein Wort:

Willst du Kinder:

Lieblingseis:

Welches Haus aus Harry Potters Schule:

Schokolade oder Chips:

Uni oder bunt:

Für was gibst du am liebsten Geld aus:

Kutsche oder Reiten:

Kannst du laut pfeifen:

Was haben wir gemeinsam?

Lieblingsschauspieler:

Was gibst du mir für die Zukunft mit:

Hörspiele oder Musik:

Male ein Kunstwerk für mich (lege ein Blatt unter, falls Du Filzstifte benutzt):

Klebe hier ein Bild von dir ein:

Welches ist deine persönliche Sucht:

Hast du ein Muttermal:

Welche Gabe würdest du dir wünschen:

Dein Lieblingsmärchen:

Fleisch- oder Pflanzenfresser:

Belege deine Pizza:

Füller oder Kulli:

Deine aktuelle Haarfarbe:

Dein Name: Heutiges Datum:

Dein Geburtstag:

Lieblingsfarbe:

Bist du Engelchen oder Teufelchen:

Katze oder Hund: Wie viele Paar Schuhe besitzt du:

Was ist besser, lockige oder glatte Haare:

Baggersee oder Schwimmbad:

Lieblingsbuch: Erfinde ein Wort:

Willst du Kinder:

Lieblingseis:

Welches Haus aus Harry Potters Schule:

Schokolade oder Chips:

Uni oder bunt:

Für was gibst du am liebsten Geld aus:

Kutsche oder Reiten:

Kannst du laut pfeifen:

Was haben wir gemeinsam?

Lieblingsschauspieler:

Was gibst du mir für die Zukunft mit:

Hörspiele oder Musik:

Male ein Kunstwerk für mich (lege ein Blatt unter, falls Du Filzstifte benutzt):

Klebe hier ein Bild von dir ein:

Welches ist deine persönliche Sucht:

Hast du ein Muttermal:

Welche Gabe würdest du dir wünschen:

Dein Lieblinsmärchen:

Fleisch- oder Pflanzenfresser:

Belege deine Pizza:

Füller oder Kulli:

Deine aktuelle Haarfarbe:

Dein Name: Heutiges Datum:

Dein Geburtstag:

Lieblingsfarbe:

Bist du Engelchen oder Teufelchen:

Katze oder Hund: Wie viele Paar Schuhe besitzt du:

Was ist besser, lockige oder glatte Haare:

Baggersee oder Schwimmbad:

Lieblingsbuch: Erfinde ein Wort:

Willst du Kinder:

Lieblingseis:

Welches Haus aus Harry Potters Schule:

Schokolade oder Chips:

Uni oder bunt:

Für was gibst du am liebsten Geld aus:

Kutsche oder Reiten:

Kannst du laut pfeifen:

Was haben wir gemeinsam?

Lieblingsschauspieler:

Was gibst du mir für die Zukunft mit:

Hörspiele oder Musik:

Male ein Kunstwerk für mich (lege ein Blatt unter, falls Du Filzstifte benutzt):

Klebe hier ein Bild von dir ein:

Welches ist deine persönliche Sucht:

Hast du ein Muttermal:

Welche Gabe würdest du dir wünschen:

Fleisch- oder Pflanzenfresser:

Dein Lieblingsmärchen:

Belege deine Pizza:

Füller oder Kulli:

Deine aktuelle Haarfarbe:

Dein Name: Heutiges Datum:

Dein Geburtstag:

Lieblingsfarbe:

Bist du Engelchen oder Teufelchen:

Katze oder Hund: Wie viele Paar Schuhe besitzt du:

Was ist besser, lockige oder glatte Haare:

Baggersee oder Schwimmbad:

Lieblingsbuch: Erfinde ein Wort:

Willst du Kinder:

Lieblingseis:

Welches Haus aus Harry Potters Schule:

Schokolade oder Chips:

Uni oder bunt:

Für was gibst du am liebsten Geld aus:

Kutsche oder Reiten:

Kannst du laut pfeifen:

Was haben wir gemeinsam?

Lieblingsschauspieler:

Was gibst du mir für die Zukunft mit:

Hörspiele oder Musik:

Male ein Kunstwerk für mich (lege ein Blatt unter, falls Du Filzstifte benutzt):

Klebe hier ein Bild von dir ein:

welches ist deine persönliche Sucht:

Hast du ein Muttermal:

Welche Gabe würdest du dir wünschen:

Dein Lieblingsmärchen:

Fleisch- oder Pflanzenfresser:

Belege deine Pizza:

Füller oder Kulli:

Deine aktuelle Haarfarbe:

Dein Name: Heutiges Datum:

Dein Geburtstag:

Lieblingsfarbe:

Bist du Engelchen
oder Teufelchen:

Katze oder Hund: Wie viele Paar Schuhe
                         besitzt du:

Was ist besser,
lockige oder glatte Haare:

Baggersee oder Schwimmbad:

Lieblingsbuch: Erfinde ein Wort:

Willst du Kinder:

Lieblingseis:

Welches Haus aus Harry Potters Schule:

Schokolade oder Chips:

Uni oder bunt:

Für was gibst du am liebsten Geld aus:

Kutsche oder Reiten:

Kannst du laut pfeifen:

Was haben wir gemeinsam?

Lieblingsschauspieler:

Was gibst du mir für die Zukunft mit:

Hörspiele oder Musik:

Klebe hier ein Bild von dir ein:

Welches ist deine persönliche Sucht:

Hast du ein Muttermal:

Welche Gabe würdest du dir wünschen:

Dein Lieblingsmärchen:

Fleisch- oder Pflanzenfresser:

Belege deine Pizza:

Füller oder Kulli:

Deine aktuelle Haarfarbe:

Dein Name: Heutiges Datum:

Dein Geburtstag:

Lieblingsfarbe:

Bist du Engelchen oder Teufelchen:

Katze oder Hund: Wie viele Paar Schuhe besitzt du:

Was ist besser, lockige oder glatte Haare:

Baggersee oder Schwimmbad:

Lieblingsbuch: Erfinde ein Wort:

Willst du Kinder:

Lieblingseis:

Welches Haus aus Harry Potters Schule:

Schokolade oder Chips:

Uni oder bunt:

Für was gibst du am liebsten Geld aus:

Kutsche oder Reiten:

Kannst du laut pfeifen:

Was haben wir gemeinsam?

Lieblingsschauspieler:

Was gibst du mir für die Zukunft mit:

Hörspiele oder Musik:

Male ein Kunstwerk für mich (lege ein Blatt unter, falls Du Filzstifte benutzt):

Klebe hier ein Bild von dir ein:

Welches ist deine persönliche Sucht:

Hast du ein Muttermal:

Welche Gabe würdest du dir wünschen:

Dein Lieblingsmärchen:

Fleisch- oder Pflanzenfresser:

Belege deine Pizza:

Füller oder Kulli:

Deine aktuelle Haarfarbe:

Dein Name: Heutiges Datum:

Dein Geburtstag:

Lieblingsfarbe:

Bist du Engelchen oder Teufelchen:

Katze oder Hund: Wie viele Paar Schuhe besitzt du:

Was ist besser, lockige oder glatte Haare:

Baggersee oder Schwimmbad:

Lieblingsbuch: Erfinde ein Wort:

Willst du Kinder:

Lieblingseis:

Welches Haus aus Harry Potters Schule:

Schokolade oder Chips:

Uni oder bunt:

Für was gibst du am liebsten Geld aus:

Kutsche oder Reiten:

Kannst du laut pfeifen:

Was haben wir gemeinsam?

Lieblingsschauspieler:

Was gibst du mir für die Zukunft mit:

Hörspiele oder Musik:

Male ein Kunstwerk für mich (lege ein Blatt unter, falls Du Filzstifte benutzt):

Klebe hier ein Bild von dir ein:

Welches ist deine persönliche Sucht:

Hast du ein Muttermal:

Welche Gabe würdest du dir wünschen:

Dein Lieblingsmärchen:

Fleisch- oder Pflanzenfresser:

Belege deine Pizza:

Füller oder Kulli:

Deine aktuelle Haarfarbe:

Dein Name:

Heutiges Datum:

Dein Geburtstag:

Lieblingsfarbe:

Bist du Engelchen oder Teufelchen:

Katze oder Hund:

Wie viele Paar Schuhe besitzt du:

Was ist besser, lockige oder glatte Haare:

Baggersee oder Schwimmbad:

Lieblingsbuch:

Erfinde ein Wort:

Willst du Kinder:

Lieblingseis:

Welches Haus aus Harry Potters Schule:

Schokolade oder Chips:

Uni oder bunt:

Für was gibst du am liebsten Geld aus:

Kutsche oder Reiten:

Kannst du laut pfeifen:

Was haben wir gemeinsam?

Lieblingsschauspieler:

Was gibst du mir für die Zukunft mit:

Hörspiele oder Musik:

Male ein Kunstwerk für mich (lege ein Blatt unter, falls Du Filzstifte benutzt):

Klebe hier ein Bild von dir ein:

Welches ist deine persönliche Sucht:

Hast du ein Muttermal:

Welche Gabe würdest du dir wünschen:

Dein Lieblingsmärchen:

Fleisch- oder Pflanzenfresser:

Belege deine Pizza:

Füller oder Kulli:

Deine aktuelle Haarfarbe:

Dein Name: Heutiges Datum:

Dein Geburtstag:

Lieblingsfarbe:

Bist du Engelchen oder Teufelchen:

Katze oder Hund: Wie viele Paar Schuhe besitzt du:

Was ist besser, lockige oder glatte Haare:

Baggersee oder Schwimmbad:

Lieblingsbuch: Erfinde ein Wort:

Willst du Kinder:

Lieblingseis:

Welches Haus aus Harry Potters Schule:

Schokolade oder Chips:

Uni oder bunt:

Für was gibst du am liebsten Geld aus:

KUTSCHE ODER REITEN:

Kannst du laut pfeifen:

Was haben wir gemeinsam?

Lieblingsschauspieler:

Was gibst du mir für die Zukunft mit:

Hörspiele oder Musik:

Male ein Kunstwerk für mich (lege ein Blatt unter, falls Du Filzstifte benutzt):

Klebe hier ein Bild von dir ein:

welches ist deine persönliche Sucht:

Hast du ein Muttermal:

Welche Gabe würdest du dir wünschen:

Fleisch- oder Pflanzenfresser:

Dein Lieblinsmärchen:

Belege deine Pizza:

Füller oder Kulli:

Deine aktuelle Haarfarbe:

Dein Name: Heutiges Datum:

Dein Geburtstag:

Lieblingsfarbe:

Bist du Engelchen oder Teufelchen:

Katze oder Hund: Wie viele Paar Schuhe besitzt du:

Was ist besser, lockige oder glatte Haare:

Baggersee oder Schwimmbad:

Lieblingsbuch: Erfinde ein Wort:

Willst du Kinder:

Lieblingseis:

Welches Haus aus Harry Potters Schule:

Schokolade oder Chips:

Uni oder bunt:

Für was gibst du am liebsten Geld aus:

Kutsche oder Reiten:

Kannst du laut pfeifen:

Was haben wir gemeinsam?

Lieblingsschauspieler:

Was gibst du mir für die Zukunft mit:

Hörspiele oder Musik:

Male ein Kunstwerk für mich (lege ein Blatt unter, falls Du Filzstifte benutzt):

Klebe hier ein Bild von dir ein:

Welches ist deine persönliche Sucht:

Hast du ein Muttermal:

Welche Gabe würdest du dir wünschen:

Dein Lieblingsmärchen:

Fleisch- oder Pflanzenfresser:

Belege deine Pizza:

Füller oder Kulli:

Deine aktuelle Haarfarbe:

Dein Name: Heutiges Datum:

Dein Geburtstag:

Lieblingsfarbe:

Bist du Engelchen oder Teufelchen:

Katze oder Hund: Wie viele Paar Schuhe besitzt du:

Was ist besser, lockige oder glatte Haare:

Baggersee oder Schwimmbad:

Lieblingsbuch: Erfinde ein Wort:

Willst du Kinder:

Lieblingseis:

Welches Haus aus Harry Potters Schule:

Schokolade oder Chips:

Uni oder bunt:

Für was gibst du am liebsten Geld aus:

Kutsche oder Reiten:

Kannst du laut pfeifen:

Was haben wir gemeinsam?

Lieblingsschauspieler:

Was gibst du mir für die Zukunft mit:

Hörspiele oder Musik:

Male ein Kunstwerk für mich (lege ein Blatt unter, falls Du Filzstifte benutzt):

Klebe hier ein Bild von dir ein:

Welches ist deine persönliche Sucht:

Hast du ein Muttermal:

Welche Gabe würdest du dir wünschen:

Dein Lieblingsmärchen:

Fleisch- oder Pflanzenfresser:

Belege deine Pizza:

Füller oder Kulli:

Deine aktuelle Haarfarbe:

Dein Name: Heutiges Datum:

Dein Geburtstag:

Lieblingsfarbe:

Bist du Engelchen oder Teufelchen:

Katze oder Hund: Wie viele Paar Schuhe besitzt du:

Was ist besser, lockige oder glatte Haare:

Baggersee oder Schwimmbad:

Lieblingsbuch: Erfinde ein Wort:

Willst du Kinder:

Lieblingseis:

Welches Haus aus
Harry Potters Schule:

Schokolade oder Chips:

Uni oder bunt:

Für was gibst du
am liebsten Geld aus:

Kutsche oder Reiten:

Kannst du laut pfeifen:

Was haben wir gemeinsam?

Lieblingsschauspieler:

Was gibst du mir
für die Zukunft mit:

Hörspiele oder Musik:

Male ein Kunstwerk für mich (lege ein Blatt unter, falls Du Filzstifte benutzt):

Klebe hier ein Bild von dir ein:

Welches ist deine persönliche Sucht:

Hast du ein Muttermal:

Welche Gabe würdest du dir wünschen:

Fleisch- oder Pflanzenfresser:

Dein Lieblinsmärchen:

Belege deine Pizza:

Füller oder Kulli:

Deine aktuelle Haarfarbe:

Dein Name: Heutiges Datum:

Dein Geburtstag:

Lieblingsfarbe:

Bist du Engelchen oder Teufelchen:

Katze oder Hund: Wie viele Paar Schuhe besitzt du:

Was ist besser, lockige oder glatte Haare:

Baggersee oder Schwimmbad:

Lieblingsbuch: Erfinde ein Wort:

Willst du Kinder:

Lieblingseis:

Welches Haus aus Harry Potters Schule:

Schokolade oder Chips:

Uni oder bunt:

Für was gibst du am liebsten Geld aus:

Kutsche oder Reiten:

Kannst du laut pfeifen:

Was haben wir gemeinsam?

Lieblingsschauspieler:

Was gibst du mir für die Zukunft mit:

Hörspiele oder Musik:

Male ein Kunstwerk für mich (lege ein Blatt unter, falls Du Filzstifte benutzt):

Klebe hier ein Bild von dir ein:

Welches ist deine persönliche Sucht:

Hast du ein Muttermal:

Welche Gabe würdest du dir wünschen:

Fleisch- oder Pflanzenfresser:

Dein Lieblingsmärchen:

Belege deine Pizza:

Füller oder Kulli:

Deine aktuelle Haarfarbe:

Dein Name: Heutiges Datum:

Dein Geburtstag:

Lieblingsfarbe:

Bist du Engelchen oder Teufelchen:

Katze oder Hund: Wie viele Paar Schuhe besitzt du:

Was ist besser, lockige oder glatte Haare:

Baggersee oder Schwimmbad:

Lieblingsbuch: Erfinde ein Wort:

Willst du Kinder:

Lieblingseis:

Welches Haus aus Harry Potters Schule:

Schokolade oder Chips:

Uni oder bunt:

Für was gibst du am liebsten Geld aus:

Kutsche oder Reiten:

Kannst du laut pfeifen:

Was haben wir gemeinsam?

Lieblingsschauspieler:

Was gibst du mir für die Zukunft mit:

Hörspiele oder Musik:

Male ein Kunstwerk für mich (lege ein Blatt unter, falls Du Filzstifte benutzt):

Klebe hier ein Bild von dir ein:

Welches ist deine persönliche Sucht:

Hast du ein Muttermal:

Welche Gabe würdest du dir wünschen:

Dein Lieblingsmärchen:

Fleisch- oder Pflanzenfresser:

Belege deine Pizza:

Füller oder Kulli:

Deine aktuelle Haarfarbe:

Dein Name: Heutiges Datum:

Dein Geburtstag:

Lieblingsfarbe:

Bist du Engelchen oder Teufelchen:

Katze oder Hund: Wie viele Paar Schuhe besitzt du:

Was ist besser, lockige oder glatte Haare:

Baggersee oder Schwimmbad:

Lieblingsbuch: Erfinde ein Wort:

Willst du Kinder:

Lieblingseis:

Welches Haus aus Harry Potters Schule:

Schokolade oder Chips:

Uni oder bunt:

Für was gibst du am liebsten Geld aus:

Kutsche oder Reiten:

Kannst du laut pfeifen:

Was haben wir gemeinsam?

Lieblingsschauspieler:

Was gibst du mir für die Zukunft mit:

Hörspiele oder Musik:

Male ein Kunstwerk für mich (lege ein Blatt unter, falls Du Filzstifte benutzt):

Klebe hier ein Bild von dir ein:

Welches ist deine persönliche Sucht:

Hast du ein Muttermal:

Welche Gabe würdest du dir wünschen:

Fleisch- oder Pflanzenfresser:

Dein Lieblingsmärchen:

Belege deine Pizza:

Füller oder Kulli:

Deine aktuelle Haarfarbe:

Dein Name: Heutiges Datum:

Dein Geburtstag:

Lieblingsfarbe:

Bist du Engelchen oder Teufelchen:

Katze oder Hund: Wie viele Paar Schuhe besitzt du:

Was ist besser, lockige oder glatte Haare:

Baggersee oder Schwimmbad:

Lieblingsbuch: Erfinde ein Wort: